LUCKY LUKE

LE KLONDIKE

DESSIN : MORRIS
SCÉNARIO : J. LÉTURGIE ET YANN

Couleur : Studio LEONARDO

LUCKY Comics

SÉRIE LUCKY LUKE
AUX ÉDITIONS DUPUIS

- LA MINE D'OR DE DICK DIGGER
- RODÉO
- ARIZONA
- SOUS LE CIEL DE L'OUEST
- LUCKY LUKE CONTRE PAT POKER
- HORS-LA-LOI
- L'ÉLIXIR DU DOCTEUR DOXEY
- PHIL DEFER
- DES RAILS SUR LA PRAIRIE
- ALERTE AUX PIEDS-BLEUS
- LUCKY LUKE CONTRE JOSS JAMON
- LES COUSINS DALTON
- LE JUGE
- RUÉE SUR L'OKLAHOMA
- L'ÉVASION DES DALTON
- EN REMONTANT LE MISSISSIPPI
- SUR LA PISTE DES DALTON
- À L'OMBRE DES DERRICKS
- LES RIVAUX DE PAINFUL GULCH
- BILLY THE KID
- LES COLLINES NOIRES
- LES DALTON DANS LE BLIZZARD
- LES DALTON COURENT TOUJOURS
- LA CARAVANE
- LA VILLE FANTÔME
- LES DALTON SE RACHÈTENT
- LE 20E DE CAVALERIE
- L'ESCORTE
- DES BARBELÉS SUR LA PRAIRIE
- CALAMITY JANE
- TORTILLAS POUR LES DALTON

SÉRIE RANTANPLAN
CHEZ LUCKY COMICS

- LA MASCOTTE
- LE PARRAIN
- RANTANPLAN OTAGE
- LE CLOWN
- BÊTISIER 1
- BÊTISIER 2
- LE FUGITIF
- BÊTISIER 3
- LE MESSAGER
- LES CERVEAUX
- LE CHAMEAU
- BÊTISIER 4 : CHIEN DES CHAMPS
- LE GRAND VOYAGE
- BÊTISIER 5
- LA BELLE ET LE BÊTE
- BÊTISIER 6 : LE NOËL DE RANTANPLAN
- BÊTISIER 7 : SUR LE PIED DE GUERRE
- BÊTISIER 8 : CHIEN D'ARRÊT
- BÊTISIER 9 : MORTS DE RIRE
- BÊTISIER 10 : CARRÉ D'OS

HORS COLLECTION

- LA BALLADE DES DALTON (L'ALBUM DU FILM)
- MORRIS VOUS APPREND À DESSINER LUCKY LUKE
- L'UNIVERS DE MORRIS
- LA FACE CACHÉE DE MORRIS
- TOUS À L'OUEST (L'ALBUM DU FILM)

SÉRIE LUCKY LUKE
CHEZ LUCKY COMICS

- LA DILIGENCE
- LE PIED TENDRE
- DALTON CITY
- JESSE JAMES
- WESTERN CIRCUS
- CANYON APACHE
- MA DALTON
- CHASSEUR DE PRIMES
- LE GRAND DUC
- LE CAVALIER BLANC
- L'HÉRITAGE DE RANTANPLAN
- LA GUÉRISON DES DALTON
- L'EMPEREUR SMITH
- LE FIL QUI CHANTE
- 7 HISTOIRES DE LUCKY LUKE
- LE MAGOT DES DALTON
- LA BALLADE DES DALTON ET AUTRES HISTOIRES
- LE BANDIT MANCHOT
- SARAH BERNHARDT
- LA CORDE DU PENDU
- DAISY TOWN
- FINGERS
- LE DAILY STAR
- LA FIANCÉE DE LUCKY LUKE
- NITROGLYCÉRINE
- LE RANCH MAUDIT
- L'ALIBI
- LE PONY EXPRESS
- L'AMNÉSIE DES DALTON
- CHASSE AUX FANTÔMES
- LES DALTON À LA NOCE
- LE PONT SUR LE MISSISSIPPI
- KID LUCKY
- BELLE STARR
- LE KLONDIKE
- O.K. CORRAL
- OKLAHOMA JIM
- MARCEL DALTON
- LE PROPHÈTE
- L'ARTISTE PEINTRE
- LA LÉGENDE DE L'OUEST

SÉRIE LES AVENTURES DE LUCKY LUKE
D'APRÈS MORRIS
CHEZ LUCKY COMICS

- LA BELLE PROVINCE
- LA CORDE AU COU
- L'HOMME DE WASHINGTON
- LUCKY LUKE CONTRE PINKERTON
- CAVALIER SEUL

SÉRIE LES AVENTURES DE KID LUCKY
D'APRÈS MORRIS
CHEZ LUCKY COMICS

- L'APPRENTI COW-BOY

LE KLONDIKE

Vaste étendue sauvage battue par les vents glacés, terre désertique et inhospitalière peuplée de quelques loups et de très nombreux lapins, le Klondike n'intéresse personne, car au Klondike, il n'y a **RIEN**.

DESSINS DE MORRIS SCÉNARIO DE **Yann-Léturgie**

C'est le coup de chance de G.W.Carmack relayé par une presse en mal d'événement...

(1) PAROLES HISTORIQUES.

...sensationnel qui arrache la contrée à la sauvagerie.

Très vite de nombreux colons se bousculent dans le port de San Francisco et s'embarquent pour la terre promise... ce qui n'est pas sans péril.

En quelques semaines, et quoique toujours battue par les vents glacés et peuplés de quelques lapins et de très nombreux loups, la contrée s'enorgueillit d'une ville Dawson, véritable fer de lance de la civilisation.

Désormais le Klondike intéresse tout le monde car au Klondike, il y a de l'**OR**! Mais au fil des mois il faut se rendre à l'évidence: l'opiniâtreté des chercheurs d'or n'est pas toujours récompensée...

... et rares sont ceux auxquels la fortune sourit au Klondike... Et encore faut-il garder jalousement le secret sur sa découverte...

...et nombre de chercheurs d'or ignorent que le télégraphe de Soapy Smith ne transmet leurs messages... qu'aux lapins!

(1) VOIR ÉPISODE "LE PIED-TENDRE"

Quelques jours plus tard à Dyea (Alaska)
LE BUREAU DE LA POLICE MONTÉE ? TOUT DROIT. VOUS NE POUVEZ PAS LE MANQUER.
MERCI !
J'ESPÈRE QU'ILS ONT PENSÉ À PLANTER DES TENTES-ÉCURIES.
J'AI HÂTE DE RETROUVER CE PAUVRE JASPER...
DANS SA DERNIÈRE LETTRE, IL SEMBLE QUE LE FROID LUI AIT SAISI L'OCCIPUT... IL EN OUBLIE DE S'INTERROMPRE DE PROSPECTER POUR PRENDRE LE THÉ
NOUS SOMMES ARRIVÉS.
À QUOI VOYEZ-VOUS ÇA, LUCKY LUKE ?
L'INTUITION DE MON COW-BOY CONFINE PARFOIS À L'EXTRA-LUCIDITÉ...
3A
VOIS POUR L'ÉQUIPEMENT ET AVEC LA MONNAIE ACHÈTE-TOI UN PEU D'AVOINE...
RESTE À TROUVER LA TENTE-ÉPICERIE...
HELLO !
MONSIEUR, AVANT TOUTE CHOSE POUVEZ-VOUS D'UNE MANIÈRE QUELQUE PEU CONVAINCANTE JUSTIFIER LA PRÉSENCE D'UNE ARME DE POING À VOTRE CEINTURE ?
BZZZZZ
PAN !
LA CHASSE ÉVIDEMMENT, QU'ALLIEZ-VOUS IMAGINER ?...
!
3B

ASSEZ PERDU DE TEMPS, PERMETTEZ...
!
AURIEZ-VOUS L'OBLIGEANCE DE NOUS INDIQUER LES HORAIRES DE LA PROCHAINE DILIGENCE POUR DAWSON.
DAWSON ?!
AHEM...
PARDONNEZ CE BREF INSTANT D'HILARITÉ MAIS JE CROIS QUE VOUS ÊTES DANS L'IGNORANCE DE QUELQUES CARACTÉRISTIQUES PITTORESQUES DE LA RÉGION...
POUR ALLER DE SKAGWAY AU KLONDIKE NOUS AVONS QUELQUE 100.000 MILES DE GLACE, DE NEIGE, DE PRÉCIPICES, DE RÉCIFS, DE LOUPS, SANS COMPTER LES AVALANCHES, LE FROID, LES BANDITS ET LA FAIM...
VOUS NE NOUS DITES RIEN DU SCORBUT, DE LA DYSENTERIE ET DES MOUSTIQUES...
C'EST L'ENFER...
4A
EN ENFER AU MOINS IL FAIT CHAUD...
UN CONSEIL, PROSPECTEZ DANS LES ENVIRONS. SI VOUS ÊTES PATIENTS, VOUS FINIREZ PAR TROUVER QUELQUES PAILLETTES POUR FINANCER VOTRE RETOUR...
!
NOUS SOMMES ICI POUR ALLER À DAWSON CHERCHER MON AMI JASPER DONT JE SUIS SANS NOUVELLE DEPUIS DES MOIS, PAS POUR GRATOUILLER LE SOL COMME TOUS CES PAUVRES FOUS !
VOUS AVEZ DE LA CHANCE. JE DOIS ALLER PRENDRE LE POSTE DE GARDIEN DE LA LOI À DAWSON. JE ME CHARGE PERSONNELLEMENT DE RETROUVER VOTRE AMI.
DÉGUSTEZ VOTRE THÉ, MOUNTIE, VU LES ALÉAS DU TRAJET, CE POURRAIT ÊTRE LE DERNIER !
4B

DÉSOLÉ, MAIS POUR L'AVOINE IL N'Y AVAIT QUE DES FLOCONS...
?!
VOTRE CHEVAL EST PRODIGIEUX!
TU TROUVES? IL AURAIT PU PRENDRE UNE TAILLE EN DESSOUS
LÀ OÙ J'AI PASSÉ MON ENFANCE, DANS L'UTAH, SUR LE GRAND LAC SALÉ C'EST AUSSI TOUT BLANC.
TU VIENS DE SALT LAKE CITY?
EST-IL VRAI QUE LES CHEVAUX MORMONS ONT PLUSIERS JUMENTS?
DITES-MOI, MON BRAVE. OÙ SE TROUVE LE PASSAGE QUI MÈNE AU KLONDIKE?
LA CHILCOOT PASS? FACILE, VOUS N'AVEZ QU'À SUIVRE LA FILE. AVEC UN PEU DE CHANCE VOUS SEREZ DE L'AUTRE CÔTÉ D'ICI UN MOIS...
5A
!
!
VÉRITABLE CHIEN DE TRAÎNEAUX 350 $!
COMMENT FAIRE FORTUNE AU KLONDIKE. 5$ LE LIVRE-MIRACLE!
QUI VEUT UN PORTEUR? 1$ LE KILO!
5B

**surnom donné aux pieds-tendres en Alaska*

LE BLIZZARD! D'ICI QUELQUES SECONDES ON N'Y VERRA PLUS À UN MÈTRE!
?
SBLOF!
ÇA VA, WALDO?
CE N'EST RIEN. JE SUIS TOMBÉ DE MA MONTURE...
OÙ EST PASSÉ TORNADE?...
AH IL EST LÀ. JE VOUS REJOINS...
7A
GRRRR!...
OH EXCUSEZ MA MÉPRISE... COMME C'EST STUPIDE DE MA PART...
GRRRRR!...
JE VOUS RAPPELLE QUE NOUS SOMMES ENTRE GENTLEMEN...
ON N'Y VOIT RIEN. JE VAIS VISER AU-DESSUS DU GROGNEMENT POUR L'EFFRAYER ET LE METTRE EN FUITE!
IL NE VEUT PAS D'ENNUI AVEC LES SOCIÉTÉS PROTECTRICES DES ANIMAUX!
PAN!
TOUT VA BIEN?...
COMMENT AI-JE PU ME MÉPRENDRE?! TORNADE EST UN PUR SANG ARABE. CELUI-CI SENTAIT L'IRLANDAIS MOUILLÉ!
7B

VOTRE CHEVAL EST REDESCENDU. MONTEZ EN CROUPE.
MAIS... NE CRAIGNEZ-VOUS PAS QUE JOLLY JUMPER NE PLOIE SOUS UNE DOUBLE CHARGE ?..
VOTRE MONTURE EST EXTRAORDINAIRE !..
JE NE SUIS PEUT-ÊTRE PAS UN PUR-SANG ARABE MAIS J'AI DU SANG DE BRONCO INDIEN DANS LES VEINES, MOI !...
...ENCORE QUE JE SENTE COMME UNE LÉGÈRE FATIGUE DANS LES BOULETS... HMMPFF !
COURAGE. LA TEMPÊTE SE CALME !
BRAVO JOLLY ! TU AS BIEN MÉRITÉ UNE HALTE !
HUM... LUCKY LUKE, JE CRAINS QUE NOUS NE SOYONS PAS SEULS... VOYEZ VOUS-MÊME...
?
8A
?
?
?
MERCI, MESSIEURS...
ÇA FAIT TROIS HEURES QUE J'ÉTAIS ÉGARÉ À DEMI GELÉ DANS CETTE TOURMENTE... SANS VOUS, J'ÉTAIS CUIT !
JE M'APPELLE JACK LONDON ET JE SUIS ÉCRIVAIN...
LUCKY LUKE, COW-BOY SOLITAIRE.
WALDO BADMINTON, GENTLEMAN FERMIER.
J'AI LU UN ROMAN STUPIDE AVEC UN CHIEN AUX DENTS BLANCHES. JE ME DEMANDE SI CE N'EST PAS DE LUI...
8B

VENEZ AVEC NOUS JUSQU'À DAWSON, VOUS SEREZ LE CHRONIQUEUR DE NOTRE ODYSSÉE...
INUTILE. AVEC CETTE ANECDOTE J'AI DÉJÀ DE QUOI ÉCRIRE DIX ROMANS!
POUR LE RESTE J'INVENTERAI. ADIOS!
ZZZZ...
ZZZZ..
ÇA FAIT DU BIEN, UN PEU D'AIR FRAIS...
?
?
?
9A
IL FAUT TROUVER UN ABRI AU PLUS VITE SI NOUS NE VOULONS PAS GELER!
MAIS... CES RAQUETTES SONT UNE TAILLE TROP PETITE!
S'IL CROIT QUE ÇA A ÉTÉ FACILE DE LES ESSAYER AVEC DES SABOTS!...
AU PETIT JOUR...
SAUVÉS! NOUS SOMMES SAUVÉS! REGARDEZ!
9B

LÀ-BAS! UNE CABANE!
CETTE BICOQUE MENACE RUINE. ON EST PRIÉ DE NE PAS ÉTERNUER VIOLEMMENT.
CLA CLACLAC...
CLACLA CLAC...
FLAP FLAP
FLAP FLAP
FLAP FLAP
FLAP FLAP
10A
CURIEUX, LES HABITANTS SONT PARTIS SANS FINIR LEUR REPAS...
WOOOUUUU!...
DES LOUPS!
OUAIP! HEUREUSEMENT ICI NOUS SOMMES EN SÉCURITÉ...
10B
WOOOUUU!...

WOOOOUUUU!...
AU SECOURS! À L'AIDE!
QUELQU'UN EST EN DANGER!
À L'AIDE!
TAÏAUT! TAÏAUT!
J'EN AI ASSEZ FAIT POUR AUJOURD'HUI. JE RESTE!
TAÏAUT! TAÏAUT!
SOYEZ PRUDENT, WALDO! CECI N'EST PAS UNE CHASSE AU RENARD!
PAN! PAN! PAN!
VOUS POUVEZ DESCENDRE. LES LOUPS SONT PARTIS!
J'AI VU DES ARBRES DE NOËL AVEC DE PLUS BEAUX JOUJOUX!...
RIEN DE CASSÉ?
UN MOUNTIE S'EN TIRE TOUJOURS!
JE RÉITÈRE MON CONSEIL: FAITES DEMI-TOUR. LE VOYAGE EST TROP DANGEREUX POUR VOUS!
LA CABANE! ELLE EST TOMBÉE DANS LE RAVIN! POURVU QUE JOLLY...

OUF!
HEUREUSEMENT QUE J'AI QUATRE FERS PORTE-BONHEUR ET UN COW-BOY QUI S'APPELLE LUCKY LUKE!
NOUS AVONS À PEINE AVANCÉ DE DEUX MILES
SUR DES PENTES À 35% PAR MOINS 30° ET AVEC 120 KG DE COW-BOY SUR LE DOS C'EST UN PROBLÈME D'ARITHMÉTIQUE...
TU N'AS PAS FROID?
LES DORTOIRS DU COLLÈGE DE HARDBOILED OXBRIDGE N'ÉTAIENT PAS CHAUFFÉS EN HIVER ET ON Y DORMAIT LA FENÊTRE OUVERTE SANS COUVERTURE... ÇA VOUS FORGE UN GENTLEMAN OU ÇA REMPLIT LES CAVEAUX DE FAMILLE.
!
LAISSE, WALDO, TU T'EN ACHÈTERAS UN AUTRE À DAWSON.
PAS QUESTION! C'EST UN CHAPEAU DE SAVILLE STREET EN PURE FEUTRE D'ÉCOSSE.
LE VENT L'A FAIT ROULER DERRIÈRE LA COLLINE...
BONTÉ DIVINE!
TU AS TROUVÉ UN FILON?
VENEZ VITE! IL Y A UN GENTLEMAN COMPLÈTEMENT GELÉ, ÉTENDU DANS LA NEIGE!
DIX CONTRE UN QU'IL S'AGIT DU MOUNTIE!..

IL EST RAIDE COMME UNE PLANCHE...
IL A DÛ SE PERDRE DANS LE BLIZZARD ET S'ASSOUPIR. IL FAUT LE DÉGELER...
J'AI UNE IDÉE. VA ME CHERCHER LE SEL DANS LE SAC À PROVISIONS.
IL DEVIENT ROUGE, C'EST BON SIGNE...
IL OUVRE LES YEUX
13A
MERCI, FISTONS. SANS VOUS JE CASSAIS MA PIPE!
POUR VOUS REMERCIER LE VIEUX PADDY VA VOUS RÉVÉLER UN SECRET...
J'EN AI RAS LES NASEAUX DE L'AVOINE EN FLOCONS!
QUAND VOUS SEREZ À DEUX DOIGTS DE LA MORT...
...C'EST LÀ QU'IL FAUDRA PASSER!
JE CRAINS FORT QUE LA FIÈVRE DE L'OR N'AIT ALTÉRÉ SINGULIÈREMENT LES FACULTÉS MENTALES DE CE PAUVRE HOMME...
13B

FOU, MOI ? ATTENDEZ !
ET ÇA, CE SONT DES PLUMES D'ÉLÉPHANT ROSE SANS DOUTE ?
JE LUI AI FAIT CRACHER SON OR, AU KLONDIKE, MOI, GAMINS !
JE N'AI MÊME PAS EU LE TEMPS DE LUI DEMANDER S'IL AVAIT RENCONTRÉ JASPER...
INUTILE DE TRAÎNER PLUS LONGTEMPS...
DEPUIS QUE JE CONNAIS MON COW-BOY, MES FERS N'ONT JAMAIS EU L'OCCASION DE ROUILLER !..
VIVEMENT QUE LE SOLEIL SE COUCHE ET QU'IL CHANTE SA RENGAINE !
14A
CURIEUX, JE SENS PRESQUE MON OREILLE DROITE... SE POURRAIT-IL QUE LA TEMPÉRATURE SE RÉCHAUFFE ?
C'EST LE CHINOOK, UN VENT CHAUD CONNU POUR SURVENIR À L'IMPROVISTE. IL FAIT FONDRE LA GLACE ET PROVOQUE DES AVALANCHES. MÉFIONS-NOUS
VOUS ÊTES DÉCIDÉMENT TÊTUS COMME DES MULES !
?
?
JE N'AIME GUÈRE QUE L'ON FASSE FI DE MES CONSEILS ET IL EST HEUREUX POUR VOUS QUE JE N'AIE PAS ENCORE PRIS MES FONCTIONS.
LE MOUNTIE !
NE RESTEZ PAS LÀ. LE CHINOOK SOUFFLE ET AVEC TOUTE CETTE NEIGE...
LE CHINOOK ?
FRRRR...
FRRRR...
14B

AAAAH!
NOUS BRÛLONS!
JE PENSE QUE SHAKESPEARE LUI-MÊME EUT ADMIRÉ L'OBSTINATION DE CE MOUNTIE...
IL EST GLACÉ. RIEN DE TEL QU'UNE BONNE RASADE DE LA BOISSON DU DOCTEUR DAVIS POUR LE RÉCHAUFFER...
UN BON MOUNTIE S'EN TIRE TOUJOURS..
15A
HIPS!
SI NOUS N'AVONS PAS FAIT D'ERREUR LA RIVIÈRE QUI PASSE À DAWSON SE TROUVE TOUT EN BAS
LE COURANT EST FORT. NE SERAIT-IL PAS JUDICIEUX DE SUIVRE LA BERGE?
IMPOSSIBLE: PLUS LOIN IL N'Y A PLUS DE BERGE. LA RIVIÈRE EST TROP ENCAISSÉE...
15B

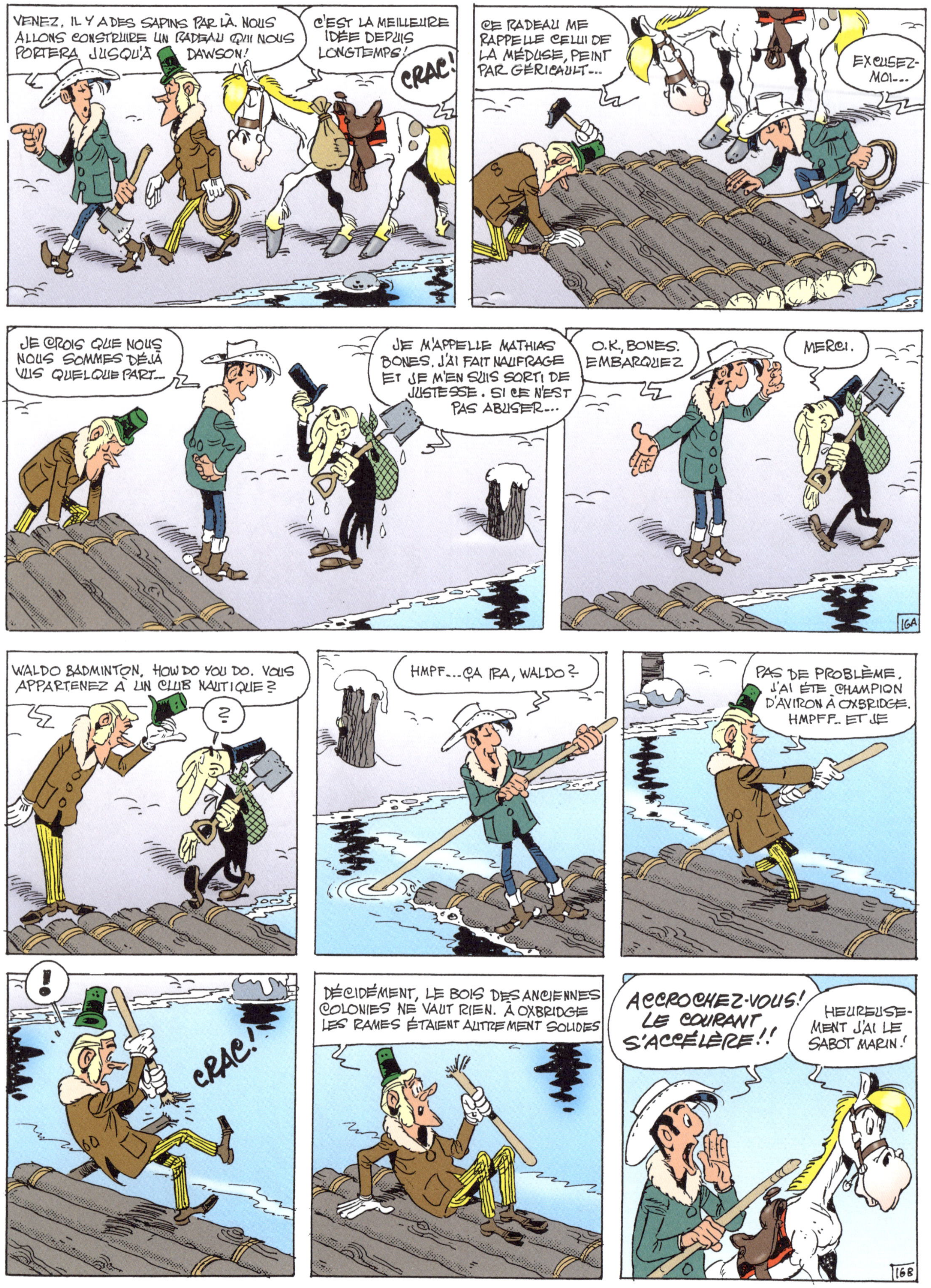
VENEZ, IL Y A DES SAPINS PAR LÀ. NOUS ALLONS CONSTRUIRE UN RADEAU QUI NOUS PORTERA JUSQU'À DAWSON!
C'EST LA MEILLEURE IDÉE DEPUIS LONGTEMPS!
CRAC!
CE RADEAU ME RAPPELLE CELUI DE LA MÉDUSE, PEINT PAR GÉRICAULT...
EXCUSEZ-MOI...
JE CROIS QUE NOUS NOUS SOMMES DÉJÀ VUS QUELQUE PART...
JE M'APPELLE MATHIAS BONES. J'AI FAIT NAUFRAGE ET JE M'EN SUIS SORTI DE JUSTESSE. SI CE N'EST PAS ABUSER...
O.K., BONES. EMBARQUEZ
MERCI.
16A
WALDO BADMINTON, HOW DO YOU DO. VOUS APPARTENEZ À UN CLUB NAUTIQUE?
?
HMPF... ÇA IRA, WALDO?
PAS DE PROBLÈME. J'AI ÉTÉ CHAMPION D'AVIRON À OXBRIDGE. HMPFF.. ET JE
!
CRAC!
DÉCIDÉMENT, LE BOIS DES ANCIENNES COLONIES NE VAUT RIEN. À OXBRIDGE LES RAMES ÉTAIENT AUTREMENT SOLIDES
ACCROCHEZ-VOUS! LE COURANT S'ACCÉLÈRE!!
HEUREUSEMENT J'AI LE SABOT MARIN!
16B

BONTÉ DIVINE! LES EAUX SONT DE PLUS EN PLUS TUMULTUEUSES!
NORMAL! NOUS APPROCHONS DES RÉCIFS!
ATTENTION! NOUS ARRIVONS AUX TERRIBLES "FIVE FINGERS" (*) QUATRE RADEAUX SUR CINQ SE FRACASSENT SUR CES ROCHERS!
17A
(*) LES "CINQ DOIGTS"
GOOD GRACIOUS! CES FIVE FINGERS SONT LES CINQ DOIGTS DU DIABLE! RECOMMANDONS NOS ÂMES AU CIEL!
RASSUREZ-VOUS. SI LES CHOSES TOURNENT MAL, JE VOUS PROMETS UN ENTERREMENT DE PREMIÈRE CLASSE À VOUS ET LE CHEVAL...
TU AS RAISON, WALDO. C'EST ENTRE LE DEUXIÈME ET TROISIÈME RÉCIF QU'IL FAUT PASSER! RAPPELLE-TOI LE SECRET DU VIEUX PADDY... ENTRE L'INDEX ET LE MÉDIUS, IL DISAIT!
ET MOI, MON PETIT DOIGT ME DIT QUE ÇA VA FINIR PAR UN BON BAIN!
17B

TENEZ BON! ON VA PASSER!
ON PASSE!
!
ON EST PASSÉ!
SPLENDID! NÉANMOINS C'EST LE GENRE DE CHOSES QUE L'ON NE DOIT RENOUVELER QU'AVEC PARCIMONIE!
C'ÉTAIT À DEUX DOIGTS!
JE CROYAIS VOUS AVOIR INTIMÉ L'ORDRE DE FAIRE DEMI-TOUR!...
!
18A
CEPENDANT, VU LE SERVICE RENDU À UN SERVITEUR DE SA MAJESTÉ, JE FERMERAI LES YEUX POUR UNE FOIS...
LE MOUNTIE!
ALORS, QU'EST-CE QUE JE FAIS? JE LE REJETTE À L'EAU?
DAWSON! NOUS AVONS RÉUSSI!
SUIVEZ MON CONSEIL, FAITES DEMI-TOUR!!
BRAVO! DEPUIS DES MOIS VOUS ÊTES LES PREMIERS À ARRIVER VIVANTS À DAWSON!
MERCI ET À CHARGE DE REVANCHE. PEUT-ÊTRE UN JOUR POURRAI-JE À MON TOUR VOUS TRANSPORTER...COMME CLIENT, HÉ HÉ HÉ..
18B

*Dur à cuire au Klondike. 19A

C'EST PAS DE JEU! ELLE A GARDÉ SES BOUCLES D'OREILLE!
JE ME DEMANDE SI CE SONT BIEN DES MANIÈRES DE GENTLEMAN...
À MON TOUR!
DEUX BIÈRES BIEN TIÈDES!
C'EST UNE VENTE DE CHARITÉ?
ON VOIT QUE VOUS VENEZ DE DÉBARQUER! PRIMO, IL N'Y A QUE DU WHISKY ICI...
...DEUZIO, À DAWSON UNE FEMME VAUT SON PESANT D'OR...
...CHAQUE PROSPECTEUR POSE SON SAC DE PÉPITES D'OR SUR LE PLATEAU DE LA BALANCE. SI LE PLATEAU S'ABAISSE LA FILLE EST À LUI POUR UN AN...
...MAIS EN CE QUI CONCERNE MATTIE SILKS, PERSONNE N'A ENCORE EU ASSEZ D'OR POUR FAIRE PENCHER LA BALANCE DU BON CÔTÉ...
C'EST UNE FAUSSE MAIGRE!
20A
...ET C'EST HEUREUX, CAR JE CROIS QUE SOAPY SMITH EN PINCE POUR ELLE...
PAS ASSEZ LOURD! C'EST À MOI!
NON! À MOI!
VENEZ VOIR, C'EST INCROYABLE! IL...IL...IL Y A UN CHEVAL DANS LA RUE!
UN CHEVAL? OÙ ÇA?
IL EST À MOI!
NON! À MOI!
BEN ÇA ALORS! C'EST BIEN LA PREMIÈRE FOIS QU'ON ME LAISSE TOMBER POUR UN CHEVAL!
PAS DE DOUTE, C'EST UN CHEVAL!
ET VIVANT AVEC ÇA!
JE LE VEUX!
INSTALLONS-LE SUR LA BALANCE. IL SERA AU PLUS OFFRANT!
?
20B

UN INSTANT, GENTLEMEN! CE CHEVAL EST À MOI ET JE FAIS DES COURANTS D'AIR À CELUI QUI S'EN APPROCHE, VU?
COMMENT ÇA "À LUI"? JE SUIS UN ÉTALON LIBRE!
DEUX PÉPITES POUR TON ÉTALON!
JOLLY N'EST PAS À VENDRE!
TROIS!
JE VAIS JUSQU'À QUATRE!
J'AI 150 GRAMMES DE PLOMB ET LE PERFORATEUR QUI VA AVEC! CE CHEVAL EST À MOI!
!
JE SUIS SOAPY SMITH, LE MAÎTRE DE CETTE VILLE ET PROPRIÉTAIRE DE CE SALOON. SI TU CHERCHES DE L'OR C'EST MOI QUI OCTROIE LES CONCESSIONS POUR PROSPECTER.
JE SUIS LUCKY LUKE, COW-BOY SOLITAIRE ET J'OCTROIE DE TEMPS À AUTRE DES CONCESSIONS À PERPÉTUITÉ. T'ARRÊTE PAS DE MOULINER.
?!
21A
PUISQUE TU DISTRIBUES LES CONCESSIONS, TU AS DU RENCONTRER CET HOMME...
IL N'Y A JAMAIS EU DE CHEECHACO DÉGUISÉ EN PINGOUIN À DAWSON!
CREUSE DANS TA MÉMOIRE ET VITE. AVEC CE FROID, MON INDEX A TENDANCE À SE CRISPER SUR LA GACHETTE...
PERMETTEZ, LUKE...
SCRITCH...
SCRITCH...
21B

LÀ J'LE RECONNAIS. C'EST LE BUVEUR DE THÉ. JE LUI AI ATTRIBUÉ LE CLAIM 508 PRÈS DE LA YUKON RIVER POUR 1.000 $ ET UNE BOUILLOIRE EN ARGENT.
O.K. TU PEUX ARRÊTER DE MOULINER.
DIRECTION LA YUKON RIVER, JOLLY !
JE N'AURAI DONC JAMAIS UN MOMENT DE RÉPIT DANS CETTE HISTOIRE !
JE SUIS FORT AISE DE SAVOIR JASPER VIVANT...
UN INSTANT, MESSIEURS !
?
?
?
22A
VOUS AVEZ PROVOQUÉ UN ATTROUPEMENT. JE VOUS RAPPELLE QUE VOUS ÊTES EN TERRITOIRE CANADIEN ET QUE TOUT RASSEMBLEMENT DE PLUS DE TROIS PERSONNES EST INTERDIT. JE NE LE RÉPÉTERAI PAS DEUX FOIS, COMPRIS ?
COMPRIS ET PUISQUE NOUS SOMMES CINQ PERMETTEZ-NOUS DE NOUS DISPERSER !
FORCE RESTE À LA LOI !
MAIS LUKE, NOUS N'ÉTIONS QUE TROIS.
CINQ AVEC JOLLY JUMPER... ET MON REVOLVER.
NOUS NOUS RETROUVERONS, COW-BOY, ET ALORS MOULINERA BIEN QUI MOULINERA LE DERNIER !
22B

JE PERDS MA BELLE JEUNESSE DANS CE TROU !
PLEURE PAS, MATTIE. UN JOUR TU PARTIRAS D'ICI AVEC TON POIDS EN OR !
C'EST QUAND MÊME BIZARRE QU'AUCUN DES SACS DE PÉPITES NE PARVIENNE À FAIRE PENCHER LA BALANCE DU BON CÔTÉ...
ÉPOUSE SOAPY SMITH, IL EST FOU DE TOI.
CE RUSTRE ? JAMAIS ! JE DEVRAIS PEUT-ÊTRE MAIGRIR POUR AIDER CES PAUVRES MINEURS... OU RETIRER LE DERINGER DE MON CORSAGE...
VA TE PRÉPARER POUR TON NUMÉRO ET ÉVITE D'AVOIR UN QUART D'HEURE DE RETARD COMME D'HABITUDE...
NE TRAÎNONS PAS. J'AI LES SABOTS GELÉS !
LE CLAIM 508 ? TOUT DROIT APRÈS LE BOIS DE SAPIN.
23A
JE ME DEMANDE S'IL Y A VRAIMENT DE L'OR PAR ICI...
M'EST AVIS QUE CELUI-LÀ EN A TROUVÉ...
!
NOUS Y SOMMES...
CLAIM 508
ON A BOUGÉ DANS LA TENTE. JASPER EST LÀ !
23B

JASPER! C'EST MOI, WALDO! SERRONS-NOUS JOYEUSEMENT LA MAIN...
?!
UN LOUP! BONTÉ DIVINE... JASPER...
VIDE... OUF! UN MOMENT J'AI CRAINT LE PIRE!
JASPER N'EST PAS LÀ MAIS C'EST BIEN SON CAMPEMENT. J'AI TROUVÉ SON GILET EN PURE LAINE DES SHETLANDS.
SI TU VEUX MON AVIS IL Y A LONGTEMPS QU'IL N'EST PLUS DEDANS...
24A
IL EST IMPOSSIBLE DE PROSPECTER DANS TOUS CES ÉBOULIS DE ROCHER. CETTE CONCESSION EST SANS VALEUR...
CLAIM 508
SOAPY SMITH S'EST MOQUÉ DE CE PAUVRE JASPER!
J'EN CONNAIS UN QUI VA BIENTÔT REFAIRE DES MOULINETS!
J'AI UN SOMBRE PRESSENTIMENT...
RESTE OPTIMISTE. LE GILET N'EST PAS CRIBLÉ DE BALLES. C'EST DÉJÀ ÇA.
LE MONTE CARLO SALOON SEMBLE ÊTRE LE CENTRE STRATÉGIQUE DU KLONDIKE. SI QUELQU'UN A VU JASPER VIVANT, C'EST LÀ QU'ON LE TROUVERA.
C'EST BIEN COMPRIS? SI VOUS CROISEZ CE LUCKY LUKE, NE LE DÉMOLISSEZ PAS TOUT À FAIT. JE VEUX QUE SON INDEX SOIT INTACT!
OUAIS, BOSS.
ON ESSAIERA, BOSS.
24B

?!
?!
BZZZZZ...
DEUX WHISKYS BIEN FRAPPÉS.
L'ATMOSPHÈRE EST GLACIALE. IL DOIT Y AVOIR UNE VITRE CASSÉE...
CROQUE-MORT, VA DÉGELER LA TERRE POUR CREUSER LA TOMBE DE CE COYOTE...
TOUT DE SUITE MONSIEUR SMITH.
25A
T'AS EU TORT DE REVENIR ME NARGUER, CHEECHAKO. IL Y A TROIS REVOLVERS BRAQUÉS SUR TOI. JE SUIS SÛR QUE TU PEUX FAIRE DES MOULINETS TROIS FOIS PLUS VITE QUE MOI...
JE SUIS LUCKY LUKE ET JE TIRE PLUS VITE QUE MON OMBRE
PAN!
?!
?!
?!
...ET MON OMBRE TIRE PLUS VITE QUE TOUS TES HOMMES RÉUNIS!
VRRRR...
25B

JE CROIS QUE CES JEUNES GENS VEULENT FAIRE DE L'EXERCICE...
PRENDS LE CHAUVE AU MELON, WALDO. JE ME CHARGE DE L'AUTRE...
TRÈS VOLONTIERS.
CLOPS!
ÇA VA, WALDO?
SANS PROBLÈME. J'AI ÉTÉ CHAMPION DU NOBLE ART DE LA BOXE AU COLLÈGE D'OXBRIDGE.
CLOPS!
CHOUETTE! UNE BAGARRE! ON VA POUVOIR SE RÉCHAUFFER!
26A
TELL ME WHERE THE GOOD TIMES ARE THAT'S WHERE I WANT TO BE... ♫
...TELL ME WHERE THE ♫ ♫ GOOD TIMES ARE...
CLOPS!
...AND HAVE A DRINK ON ME... ♫
26B

POURQUOI TU T'ARRÊTES, MATTIE ?
LA BALANCE...
...ELLE EST BLOQUÉE ! ÇA C'EST SIGNÉ...
SOAPY SMITH !
CETTE EAU EST GELÉE ! IMPOSSIBLE DE LA BOIRE !
PLINNG !
CRAC !
ÇA, C'EST UNE CHANCE ! GLOU GLOU...
27A
QUE SIGNIFIE CE BROUHAHA ?
PAN !
JE REPRÉSENTE SA GRACIEUSE MAJESTÉ ET SA GRACIEUSE MAJESTÉ DÉTESTE LES BAGARRES DE SALOON FÛT-CE DANS SES LOINTAINES COLONIES VEUILLEZ ÉVACUER CE TRIPOT !
CE QUE J'AIME AVEC LES TUNIQUES ROUGES, C'EST QUE LE SANG NE SALIT PAS L'UNIFORME !
?!
PAN !
VRRRR...
!
27B

VOUS AVEZ LA GÂCHETTE FACILE, MONSIEUR. CELA POURRAIT VOUS CONDUIRE DROIT EN PRISON UN JOUR...
?!
VEUILLEZ ÉVACUER IMMÉDIATEMENT CET ÉTABLISSEMENT!
MAIS ENFIN, IL ALLAIT VOUS...
ET MAINTENANT, QU'EST-CE QU'ON FAIT, BOSS, ON DESCEND D'ABORD LE MOUNTIE OU L'AS DU REVOLVER?
TROP DANGEREUX. J'AI UNE AUTRE IDÉE.
28A
AU PETIT MATIN...
ZZZZ...
ZZZZ
ZZZZ
PLOF!
?
QUI VA LÀ?
IL ME SEMBLE AVOIR ENTENDU CHOIR QUELQUE CHOSE...
C'EST UN SAC!
BONTÉ DIVINE! DES PÉPITES D'OR!
LE PLOMB NE DEVRAIT PAS TARDER À SUIVRE!
?
?
CE SONT EUX!...
28B

JE LES RECONNAIS! ILS M'ONT VOLÉ MON OR!
ON LES TIENT LA MAIN DANS LE SAC!
PENDONS-LES HAUT ET COURT!
MON REVOLVER CONTIENT SIX ÉCHANTILLONS DE MINERAI. QUELQU'UN VEUT LES EXPERTISER?
C'EST UNE MISE EN SCÈNE. CE SAC A ÉTÉ DÉPOSÉ À L'INSTANT DEVANT LA GRANGE ET...
PAF!
29A
MISÉRABLE, VOUS NE RESPECTEZ PAS LES RÈGLES ÉLÉMENTAIRES DU PUGILAT INSTAURÉES PAR LE MARQUIS DE QUEENSBURRY! EN GARDE!
???
NON!
PAF!...
MONTRONS-LEUR COMMENT ON TRAITE LES VOLEURS D'OR AU KLONDIKE!
OUAIS! PENDONS-LES!
VENEZ, VOUS DEUX ALLONS ARROSER ÇA!
OUAIS! PENDONS-LES!
AU CIMETIÈRE!
À MORT LES VOLEURS!
LA CORDE EST ENCORE GELÉE
BAH, QUAND ON LA LEUR METTRA AU COU, ELLE RETROUVERA TOUTE SA SOUPLESSE...
29B

ON DEVRAIT LEUR COUPER LA TÊTE!
ÇA VA, FRENCHY, ON EST EN AMÉRIQUE ICI. À CHACUN SES TRADITIONS
SMOKY BILL QUI NE S'EST PAS GARÉ ASSEZ VITE
AU BOULOT, CROQUE-MORT. IL Y A DEUX CLIENTS POUR TOI!
EH, LES GARS, LE CROQUEMORT EST GELÉ QUI VA CREUSER POUR ENTERRER CES CRAPULES?
J'EXIGE UN AVOCAT!
30A
UN AVOCAT? LE SEUL AVOCAT AU KLONDIKE EST SIX PIEDS SOUS TERRE À TA DROITE, CHEE CHAKO! CREUSEZ, ÇA VOUS RÉCHAUFFERA!
DÉPÊCHONS! LE DERNIER CONDAMNÉ EST MORT DE FROID AVANT QU'ON AIT EU LE TEMPS DE LE PENDRE!
SI VOUS CROYEZ QUE C'EST FACILE! LE SOL EST GELÉ
ET CREUSEZ PLUS PROFOND, SINON LES LOUPS DÉTERRENT LES CORPS!
J'EN AI FROID DANS LE DOS!
?
BONG!
TIENS, ON DIRAIT QU'IL Y A QUELQUE CHOSE QUI BRILLE...
30B

DE L'OR!
DE L'OR?
IL EST À MOI!
POUSSEZ-VOUS!
J'ÉTAIS LÀ LE PREMIER!
C'EST MON CLAIM!
J'AI TOUT COMPRIS. VOUS AVEZ SOUSTRAIT UNE PÉPITE DU SAC VOLÉ.
PAS DU TOUT. C'EST UNE DENT EN OR QUI APPARTENAIT AU MONSIEUR AU FOND DE LA FOSSE
31A
LE CAFÉ ET LE THÉ SONT CHAUDS!
VOTRE CHEVAL SEMBLAIT CERTAIN QUE NOUS ALLIONS NOUS EN TIRER...
LES TOASTS SONT LÉGÈREMENT BRÛLÉS...JOLLY COMMENÇAIT À S'INQUIÉTER...
ALLONS-Y, WALDO. NOUS ALLONS RENDRE VISITE AU PROPRIÉTAIRE DU SAC DE PÉPITES VOLANTES
ON A ÉTÉ EU, C'EST LE VIEIL HUGO, L'ITALIEN!
CELUI QUI A EU UNE MORT BIZARRE?
RIP
OUAIS, IL EST MORT DANS SON LIT
31B

LE BLIZZARD SE LÈVE.
J'EN CONNAIS DEUX QUI DOIVENT FAIRE DES MOULINETS AU BOUT DE LEUR CORDE...
HA! HA! HA!
HELLO, SOAPY SMITH!
L'ACNÉ VAINCUE PAR LA POMMADE DU Dr DOXEY
PSSCHIIII...
L'ACNÉ VAINCUE PAR LA POMMADE DU Dr DOXEY
LES PENDUS! VIVANTS!
!
!
VRRRR...
TU NOUS DOIS DES EXPLICATIONS, SOAPY!
C'EST UNE ÉPOUVANTABLE MÉPRISE LE SAC DE PÉPITES, C'ÉTAIT POUR RIRE...
JE NE PARLE PAS DE CETTE PITOYABLE MISE EN SCÈNE MAIS DE LA CONCESSION SANS VALEUR QUE TU AS VENDUE À JASPER.
COMMENT ÇA, SANS VALEUR?
IL A QUAND MÊME TROUVÉ DE L'OR, BEAUCOUP D'OR, PAS VRAI, LES GARS?
!
SI JE PUIS ME PERMETTRE, FAITES DES MOULINETS. LUCKY LUKE EST DÉJÀ ASSEZ ÉNERVÉ...
SÛR! IL A MÊME RÉCLAMÉ UNE LARME DE BRANDY QU'IL A PAYÉE AVEC UNE PÉPITE!

... JE CROIS MÊME ME SOUVENIR QU'IL A UTILISÉ MON TÉLÉGRAPHE POUR ANNONCER LA NOUVELLE.
ÇA DISCUTE, ÇA DISCUTE... IL FERAIT MIEUX DE FAIRE SA SORTIE PAR LA FENÊTRE COMME D'HABITUDE. JE N'AI PAS LES SABOTS FOURRÉS, MOI!
?
SI LE CLAIM DE JASPER A PRODUIT LA MOINDRE PÉPITE, JE VEUX BIEN MANGER MON CHAPEAU!
?
33 A
VOTRE CHEVAL ERRAIT EN TOUTE LIBERTÉ SUR LA VOIE PUBLIQUE. JE SUIS AU REGRET DE LE CONFISQUER.
AVEC CE MOUNTIE JE NE VAIS PAS TARDER À VOIR ROUGE!
DU CALME, OLD BOY!
C'EST L'OCCASION DE SE DÉBARRASSER DE CE CASSE-PIEDS. EMMÈNE-LE LE PLUS LOIN POSSIBLE.
C'EST VRAI? JE PEUX?
HOLÀ!... DOUCEMENT!... DU CALME!...
PSSSIIIT, MONSIEUR LUCKY LUKE...
33 B

MATTIE SILKS!
CHUUUT... PLUS BAS... J'AI ENTENDU VOTRE CONVERSATION AVEC SOAPY SMITH...
... IL NE LAISSE JAMAIS UN PROSPECTEUR D'OR FILER LES POCHES PLEINES...
... ET COMME IL EST AU COURANT DE TOUTES LES DÉCOUVERTES GRÂCE À SON TÉLÉGRAPHE...
CETTE DEMOISELLE EST UNE VÉRITABLE MINE DE RENSEIGNEMENTS.
OUAIP!... ELLE VAUT SON PESANT D'OR...
LUCKY LUKE AURA VITE FAIT DE ME DÉBARRASSER DE SOAPY SMITH... JE RACHÈTERAI LE SALOON ET JE SERAI LA REINE DE LA VILLE...
SOAPY SMITH TELEGRAPH.
?
QUELQUE CHOSE QUI CLOCHE?
LE CÂBLE... IL N'EST PAS BIEN TENDU... COMME SI...
HUIT POTEAUX ET TRENTE MÈTRES DE CÂBLE... LE FIL QUI CHANTE DE SOAPY SMITH N'EST PAS DU GENRE BAVARD...
CE BANDIT EST NON SEULEMENT UNE CRAPULE MAIS AUSSI UN ESCROC!
IL EST SÛREMENT RESPONSABLE DE LA DISPARITION DE JASPER.
IL N'AVOUERA JAMAIS MAIS J'AI PEUT-ÊTRE UN PLAN POUR LE CONFONDRE...
TIENS, TU ES DÉJÀ DE RETOUR!
JE MANGE MA SELLE SI ON REVOIT LE MOUNTIE AVANT LA FIN DE CETTE HISTOIRE!
PARDON, MON BRAVE, VOUS N'AURIEZ PAS VU MA MONTURE, PAR HASARD?
?

Plus tard, aux abords de la ville...
ÇA ME RAPPELLE LES FEUX DE CAMP AVEC MON COUSIN BADEN POWELL...
ÇA SENT BON, VOTRE TAMBOUILLE...
?
VOUS N'AURIEZ PAS UNE TASSE DE CAFÉ POUR UN VIEUX CHERCHEUR D'OR?
APPROCHEZ-VOUS.
QUEL FROID! ON SE CROIRAIT DANS LES DORTOIRS MAL CHAUFFÉS D'OXBRIDGE.
VOUS... VOUS AUSSI VOUS AVEZ ÉTÉ À OXBRIDGE?...
NON, MAIS ON M'EN A BEAUCOUP PARLÉ...
LUCKY LUKE!
35A
JE NE VOUS AURAIS JAMAIS RECONNU SOUS CETTE DÉFROQUE...
LES LOUPS AVAIENT COMMENCÉ À DÉVORER LE CADAVRE
CE DÉGUISEMENT FAIT PARTIE DE MON PLAN. RETOURNONS À DAWSON.
AVEC TOUS CES ALLERS ET RETOURS JE VAIS FINIR PAR AVOIR DES AMPOULES AUX SABOTS!
Plus tard, au saloon...
RIEN À FAIRE, MON INDEX NE DÉSENFLE PAS!
SOAPY, IL Y A UN CHERCHEUR D'OR QUI VEUT UTILISER TON TÉLÉGRAPHE.
LES AFFAIRES REPRENNENT...
35B

DÉPÊCHONS, DÉPÊCHONS. À MON ÂGE LE TEMPS EST AUSSI PRÉCIEUX QUE L'OR!
SOAPY SMITH TELEGRAPH.
VOUS AVEZ DE QUOI PAYER?
J'AI RESPIRÉ TELLEMENT DE POUSSIÈRE D'OR DANS MA MINE QUE J'EN RÉCOLTE POUR CENT DOLLARS DANS MON MOUCHOIR CHAQUE FOIS QUE J'ÉTERNUE...
CHER VIEUX PAPA, STOP. J'AI TROUVÉ UN FABULEUX FILON STOP JE SUIS RICHE STOP EMBRASSE GRAND'MA SI ELLE EST ENCORE EN VIE STOP JONATHAN.
"RICHE" AVEC DEUX "H"?
CE N'EST PAS PRUDENT DE VOUS PROMENER AINSI TOUT SEUL AVEC CETTE FORTUNE...
JE NE SUIS PAS TOUT SEUL, GAMIN!
MONTE CARLO SALOON
36A
QUAND ON TROUVE DE L'OR AU KLONDIKE, LA COUTUME EST D'OFFRIR QUELQUES TOURNÉES GÉNÉRALES AUX MINEURS MOINS CHANCEUX...
SI C'EST LA COUTUME...
D'AILLEURS J'AI LE GOSIER AUSSI SEC QU'UNE MINE DÉSAFFECTÉE
WHISKY POUR TOUT LE MONDE!
PAS POUR NOUS, SAM, ON A UNE AFFAIRE URGENTE À RÉGLER HE HE HE...
HE HE HE...
HE HE HE
VOYONS, EN MORSE, LE "O", C'EST TATI OU TITATI?
TATATA. BON SANG, TATATA!
36B

Plus tard...
...ET J'AI TELLEMENT GRATTÉ DANS CETTE @%* DE MINE QUE SOUS MES ONGLES ET DANS LES POILS DE MA BARBE, IL Y A ASSEZ D'OR POUR ACHETER DIX TÊTES DE BÉTAIL...
TU DEVRAIS SECOUER TA BARBE AU-DESSUS DE LA BALANCE POUR TENTER DE GAGNER LA PLUS BELLE FILLE DU YUKON !
J'AI ÉCHAPPÉ AUX LOUPS, AUX GRIZZLYS ET AU SCORBUT, C'EST PAS POUR TOMBER DANS LES GRIFFES D'UNE FEMME !
37A
IL VA SORTIR. METTEZ VOS FOULARDS, ET FAITES GAFFE, IL EST ARMÉ.
C'EST PAS TROP TÔT ! QUEL BAVARD !
QUI A DIT QUE LE SILENCE EST D'OR !
HAUT LES MAINS ! ENVOIE TON SAC SI TU TIENS À LA VIE.
ET TOUCHE PAS À TON ARME !
PROPRE, RAPIDE, EFFICACE. EN UN MOT : AMÉRICAIN !
ADIOS, GRAND-PÈRE ! T'AURAS QU'À TE COUPER LES ONGLES ET LA BARBE POUR TE PAYER TON RETOUR !
37B

AU VOLEUR! AU VOLEUR!
IL VA AMEUTER TOUT L'ALASKA!
ON AURAIT DÛ LE DESCENDRE!
PARTAGEONS-NOUS TOUT DE SUITE L'OR DU VIEUX!
AU VOLEUR!
BIEN MALIN S'IL PEUT ENSUITE PROUVER QUE C'EST SON OR!..
L'ARGENT N'A PAS D'ODEUR ET L'OR NON PLUS!...
!?
!?
!?
38A
C'EST LA SIXIÈME AGRESSION CETTE SEMAINE!
POUR UN PEU, ON SOUHAITERAIT UN SHÉRIF À DAWSON
NE DIS PAS D'OBSCÉNITÉS, JIM!
T'ES PAS PRÈS DE RETROUVER TON OR
PAS DIT... J'AI TENDU UN PIÈGE AUX VOLEURS: IL Y AVAIT UN PUTOIS DANS LE SAC...
!
CE D'OLD TIMER VA ME PAYER ÇA!
FROTTEZ PLUS FORT. L'ODEUR NE PART PAS!
À VUE DE NEZ, JE DIRAIS QUE LE BANDIT EST LÀ!
UN COYOTE DÉBUSQUÉ PAR UN PUTOIS, C'EST PAS BANAL...
38B

VLAM !
ÇA SENT MAUVAIS POUR TOI, SOAPY SMITH !
?
T'AS TROP COMPTÉ SUR TA CHANCE, GRAND-PÈRE.
MON DOIGT ENFLÉ N'ENTRE PAS DANS LE PONTET DE MON RÉVOLVER !
ON MOULINE, ON MOULINE ET ON FINIT PAR S'EN MORDRE LES DOIGTS !
!
PENDONS-LE !
BONNE IDÉE ! LYNCHONS-LE !
À L'ARBRE !
39A
CE MINEUR EST UN IMPOSTEUR ! IL A MONTÉ UN COUP POUR ME DISCRÉDITER ! VOUS LE RECONNAISSEZ ?
!
ÇA ALORS ! LE PENDU QUI S'EST ENFUI !
IL N'EST JAMAIS TROP TARD POUR BIEN FAIRE. PENDONS-LE !
LEQUEL ?
LES DEUX !
ON NE PEND PERSONNE ! LE PREMIER QUI REMUE UN SOURCIL N'AURA PAS LE TEMPS DE REMUER L'AUTRE !
SOAPY SMITH EST UN ESCROC ET JE VAIS LE PROUVER EN TÉLÉGRAPHIANT À SKAGWAY. HABILLE-TOI, CANAILLE !
QU'EST-CE QU'ON FAIT ?
AVEC LE TÉLÉGRAPHE JE NE RISQUE RIEN. ATTENDONS LE MOMENT PROPICE POUR LE DESCENDRE
39B

PAS DE BÊTISE, SOAPY SMITH. JE CONNAIS LE MORSE. SI J'ENTENDS UN TA-TA-TA DE MOINS, CE SERA UN PAN PAN PAN DE PLUS, VU?
TU PERDS TON TEMPS, CHEECHAKOO!
"DE LUCKY LUKE À LA POLICE MONTÉE STOP DEMANDE INFORMATIONS SUR LE DÉNOMMÉ SOAPY SMITH STOP ATTENDS RÉPONSE STOP.
SMITH AVEC OU SANS "H"?
TI TA TI!! TAA TAA TI...
AVEC.
RÉ-PON-SE STOP.
..TI TA TITI TAATAA TITI
PAN! PAN! PAN!
?
POURQUOI PAN PAN PAN? JE N'AI PAS OUBLIÉ DE TATATA!
AH? JE DOIS AVOIR L'OREILLE GELÉE...
40A
TROIS COUPS DE FEU! C'EST LE SIGNAL!
ENVOYONS LE MESSAGE CONVENU
LA RÉPONSE NE DEVRAIT PAS TARDER...
J'AIME BEAUCOUP TON OPTIMISME, COW-BOY!
CENT CONTRE UN QU'ON N'AURA JAMAIS DE RÉPONSE DES TUNIQUES ROUGES!
??????
TITATI ..TATATI
MAIS...MAIS...MAIS....
CESSE DE BÊLER ET NOTE...
TITATI TAATAA...
40B

"SOAPY SMITH DANGEREUX BANDIT STOP DÉSIRONS L'INTERROGER SUR AFFAIRES LE CONCERNANT STOP...
... PATROUILLE DE MOUNTIES DÉJÀ EN ROUTE STOP DEVRAIT ARRIVER AUJOURD'HUI À DAWSON STOP"
REVENEZ, BANDE D'IMBÉCILES! C'EST UN COUP MONTÉ! CE TÉLÉGRAPHE NE COMPORTE QUE HUIT POTEAUX ET NE COMMUNIQUE AVEC PERSONNE!
41A
EUH....
SOAPY SMITH NOUS A ROULÉS C'EST UN BANDIT ET UN ESCROC!
LES POTEAUX ET LE FIL VONT SERVIR
OUAIS! PENDONS-LE!
C'EST UN ÉPOUVANTABLE MALENTENDU!
PAN!
ATTENDEZ. JE VEUX D'ABORD SAVOIR CE QU'IL A FAIT DE JASPER!
PAS BESOIN D'ENTRAVER LE COURS DE LA JUSTICE. CE BANDIT A TUÉ JASPER POUR S'EMPARER DE SON OR!
MATTIE SILKS!
41B

C'EST UN VOLEUR ET UN ASSASSIN ! PENDEZ-LE !
C'EST FAUX ! J'AI PEUT-ÊTRE SOUSTRAIT DE-CI DE-LÀ UNE PÉPITE MAIS JE N'AI JAMAIS TUÉ PERSONNE !
MAIS MATTIE, COMMENT CONNAISSEZ-VOUS JASPER ? NI WALDO NI MOI N'EN AVONS PARLÉ ...
EUH ... JE ...
TA MAMAN AURAIT DÛ T'APPRENDRE QU'IL EST GROSSIER DE POSER DES QUESTIONS INDISCRÈTES AUX DAMES !
42A
?!
PAN !
LA TIENNE AURAIT DÛ TE DIRE QU'IL EST MAL ÉLEVÉ POUR UNE DAME DE JOUER AVEC LES ARMES À FEU.
OÙ EST JASPER ?
JE NE DIRAI RIEN !
JE CROIS QU'UNE VISITE CHEZ TOI S'IMPOSE ...
VOUS N'OSERIEZ QUAND MÊME PAS ENTRER DANS LA CHAMBRE D'UNE JEUNE FILLE !
NE ME REGARDEZ PAS COMME ÇA. JE PEUX TOUT VOUS EXPLIQUER !...
42B

ÇA VA, JASPER?
JE COMMENÇAIS À TROUVER LE TEMPS LONG, MONSIEUR
À MON GRAND REGRET, JE DOIS DIRE QUE MADEMOISELLE SILKS M'A PROPREMENT ASSOMMÉ ET SÉQUESTRÉ POUR ME FAIRE RÉVÉLER L'EMPLACEMENT DE MON FILON...
PAN!
C'EST PAS DANS SA MINE QU'IL A TROUVÉ DE L'OR. TOUT LE MONDE SAIT QUE LE CLAIM 508 EST STÉRILE
C'EST MON SECRET.
LA FILLE!
ON VEUT LA PENDRE!
À MORT!
43A
MATTIE! LIVREZ-NOUS MATTIE!!
ON VA LA FAIRE DANSER!
MONTE CARLO SALOON
CETTE MANIE DE LA PENDAISON CONFINE À L'OBSESSION! ATTENDEZ-MOI SAGEMENT. JE VAIS RÉGLER ÇA!
AHEM... SI VOUS TENEZ TANT À MA MINE MATTIE, POURQUOI NE PAS M'ÉPOUSER? NOUS L'EXPLOITERONS ENSEMBLE
O.K.! UNE BAGUE AU DOIGT VAUT MIEUX QU'UNE CORDE AU COU...
43B

Le lendemain...
C'EST QUOI CE BOUCAN? UNE PENDAISON?..
PIRE, UN MARIAGE.
LA NUIT JE RÊVE DE CACTUS, DE COYOTES ET DE SERPENTS À SONNETTE... IL EST TEMPS DE RENTRER..
VIVE LES MARIÉS!
C'EST TOUT CE QUE J'AI TROUVÉ IL N'Y A PAS GRAND-CHOSE POUR LES JEUNES MARIÉS AU KLONDIKE..
MERCI, MONSIEUR. CELA NOUS SERA UTILE, JE CROIS
À PRÉSENT TU PEUX ME DIRE OÙ SE TROUVE TA FICHUE MINE.
NOTRE MINE, HONEY.
EH BIEN ...HMM...J'AI TROUVÉ CET OR DANS LE CLAIM 402...
LE CLAIM 402 !!!
MAIS LA CONCESSION 402 EST À MOI! JE L'AVAIS GAGNÉE AU POKER AU VIEUX CURLY!
JE SAIS. IL ME L'A DIT AVANT DE MOURIR...
44A
BANDIT! ESCROC! VOLEUR! CANAILLE!
TU NE REPARS PAS, WALDO?
E CARLO
SALOON
EUH... JE RESTE QUELQUE TEMPS...C'EST À PRÉSENT QUE JASPER ME PARAÎT VRAIMENT EN DANGER...
ADIOS, CHEECHAKO...
I'M A POOR LONESOME COWBOY AND A LONG WAY FROM HOME...
FIN
44B

Soapy Smith, après une carrière d'escroc à Leadville et Denver, exerça son art aux dépens des chercheurs d'or du Klondike en 1897. Il finit par être abattu par un géomètre, à Skagway. Son faux télégraphe qui n'était relié par aucun fil est resté célèbre.

Mattie Silks, ex-reine de Denver, s'était taillé au Far-West une belle réputation. En 1898, elle escalada le White Pass et fit à Dawson une fructueuse saison, emmenant dans ses bagages huit anges déchus et des balances sur lesquelles elle pesait en pépites d'or le prix exorbitant qu'elle exigeait des mineurs du Klondike pour bénéficier des faveurs de ses belles.

Chilcoot Pass, un des obstacles majeurs sur le chemin du Klondike. Pendant six heures, les hommes devaient gravir les marches taillées dans la glace en portant leur matériel et leurs provision à dos. Ils y laissèrent la vie par centaines.

PEFC-Certifié
Ce livre est issu de forêts gérées durablement, de sources recyclées et contrôlées.
PEFC
PEFC/07-31-241
www.pefc.org
© LUCKY COMICS 2012
PREMIÈRE ÉDITION EN 1996
DÉPÔT LÉGAL OCTOBRE 2012 ISBN 978-2884-71045-9
TOUS DROITS DE TRADUCTION, DE REPRODUCTION ET D'ADAPTATION STRICTEMENT RÉSERVÉS POUR TOUS PAYS.
IMPRIMÉ ET RELIÉ EN BELGIQUE PAR PROOST.